OST 기타 연주곡집

가슴 시리게 눈부신 청춘 그 순간 우리는 하나였다.

score

여는 말

쎄시봉(C'est Si Bon)은 '아주 멋져', '매우 훌륭해'라는 의미의 프랑스어로 우리나라 1960년~70년대 무교동의 유명한 음악 감상실의 이름이었습니다.

팝송 감상실을 표방하여, 소극장으로 구성되어 있던 '쎄시봉'에서는 입장료만 내면 그 당시 인기 있었던 최신 팝 음악을 들을 수 있었고, 가수들을 초청해 공연을 선보이기도 했습니다.
지금 '쎄시봉 친구들'이라고 부르는 조영남, 송창식, 윤형주, 김세환이 바로 그 당시 '쎄시봉' 무대에서 활약했던 가수들입니다.

그들이 40년 만에 모여 MBC의 예능 프로그램 〈유재석, 김원희의 놀러와〉에 출연하여 '쎄시봉 친구들'이라는 이름으로 소개되어 다시 한 번 주목받게 되었습니다. 예능 출연은 처음이라는 송창식과 '쎄시봉 친구들'이 들려주는 40여 년 전의 무교동 추억담은 브라운관을 넘어 안방을 훈훈하게 해주었습니다.

당시의 추억을 공유하는 50~60대 뿐만 아니라 그들의 자녀 세대인 20~30대에게도 가슴을 적시는 그들의 음악은 큰 반향을 일으켰습니다. '쎄시봉 친구들'은 현재까지도 문화 주체로서 여전히 활동을 하고 있고, 흘러간 추억으로만 머무는 것이 아니라 살아있는 전설로 계속 함께 하고 있습니다.

이 책은 서울 무교동 음악감상실 '쎄시봉'을 배경으로 시대를 풍미했던 음악들 중 영화 〈쎄시봉〉 OST의 명곡들을 모아 통기타 연주로 편곡하여 수록하였습니다.

편집부

차 례

핑거스타일 연주 기초 상식	4
1. When The Saints Go Marching In ㅣ강하늘, 정우, 조복래ㅣ	6
2. 웨딩케익 ㅣ김윤석, 장현성ㅣ	12
3. 나 그대에게 모두 드리리 ㅣ김윤석ㅣ	24
4. 이젠 잊기로 해요 ㅣ한효주ㅣ	28
5. 조개 껍질 묶어 ㅣ강하늘ㅣ	38
6. 사랑하는 마음 ㅣ강하늘, 조복래ㅣ	48
7. 백일몽 ㅣ강하늘, 정우, 조복래ㅣ	56
8. 사랑이야 ㅣ조복래ㅣ	58
9. 그건 너 ㅣ진구ㅣ	64
10. Delilah ㅣ김인권ㅣ	76

OST CD 수록곡인 '하얀 손수건'은 저작권자의 요구로 수록하지 못하였습니다. 독자들의 양해 부탁드립니다.

핑거스타일 연주 기초 상식

1. 왼손과 오른손의 손가락 기호

양손	엄지	검지	중지	약지	새끼
왼손	없음	1	2	3	4
오른손	p	i	m	a	ch

- **왼손** : 엄지손가락은 지판의 뒤편에 위치해 있기 때문에 손가락 번호가 없습니다. 왼손은 가능한 같은 프렛(칸) 안에서 최대한 안쪽(사운드홀, 울림통)으로 잡아야 좋은 소리를 낼 수 있으며 효율적으로 연주를 할 수 있습니다. 손톱이 길면 제대로 운지를 할 수 없으므로 손톱을 짧게 자르는 것이 좋습니다.
- **오른손** : 오른손 기호는 각 줄마다 담당을 하고 있습니다.

손가락	손가락 기호	담당 줄
엄지	p	6~4번 줄
검지	i	3번 줄
중지	m	2번 줄
약지	a	1번 줄
새끼	ch	없음

2. 쓰리핑거 주법

'핑거링(Fingering)'은 오른손을 뜻하는데 일반적으로 새끼손가락을 제외한 네 손가락을 사용하여 '포핑거'로 연주하는 경우가 대부분입니다.

• 쓰리핑거란?

네 개의 손가락 중 약지손가락을 제외한 세 개의 손가락을 사용하는 주법을 뜻합니다. 쓰리핑거를 사용하면 경쾌함과 힘이 느껴지는 연주법을 구사 할 수 있습니다. 주로 컨트리 리듬에서 많이 사용합니다.

영화 〈쎄시봉〉의 수록곡 중 1번 곡 'When The Saints Go Marching In'과 2번 곡 '웨딩케익'은 쓰리핑거를 사용한 컨트리 리듬으로 편곡되었습니다.

▶ 쓰리핑거 시 담당 손가락 변화

손가락	손가락 기호	담당 줄
엄지	p	6~3번 줄
검지	i	2번 줄
중지	m	1번 줄

3. 카포를 사용하는 이유

카포를 사용하는 이유에는 크게 두 가지로 나눌 수 있습니다.

1. 노래가 자신의 목소리에 맞지 않을 때

2. 코드의 운지가 어려울 때

노래가 자신의 목소리에 맞지 않는다는 의미는 노래의 반주가 높거나, 낮아서 부르기 힘든 경우입니다. 흔히 '키(key)가 높다, 낮다' 라고 말을 하며, 노래방 반주기로 버튼으로 올리고 내리는 경우가 이 경우에 해당합니다. 카포를 사용하면 노래방에서 버튼으로 올리고 내리는 역할을 할 수가 있습니다. 이 경우는 노래의 키(key) 즉 조가 바뀌어 '이조'가 됩니다.

코드의 운지가 어려운 경우는 기타를 연주할 때 바레코드(F코드 같은 경우)가 많이 나와 연주하기 힘든 경우입니다. 이런 경우 카포를 사용하여 쉬운 코드로 바꾸면 키(key)는 바꾸지 않으면서 쉽게 연주를 할 수 있습니다.

수록곡에서 2번 '웨딩케익'과 5번 '이젠 잊기로 해요'는 카포를 사용하여 쉬운 코드로 바꾸었습니다. 코드는 바뀌었지만 카포를 사용했기 때문에 원곡과 같은 목소리로 노래를 할 수 있습니다.

1. When The Saints Go Marching In

Katherine E. Purvis, James M. Black작사
Katherine E. Purvis, James M. Black작곡
강하늘, 정우, 조복래 노래

Oh when the saints go mar-ching in Oh when the saints go
mar - ching in Oh Lord I want to be in that number
When the saints go mar - ching in

17
E
Oh when the saints   go mar-ching in   Oh when the saints   go
20
E   B7   E   A
mar - ching   in   Oh Lord I want   to   be in   that number
23
A   E   B7   E
When   the   saints   go   mar - ching   in

25
E
Oh when the saints   go mar-ching in   Oh when the saints   go
28
E   B7   E   A
mar - ching   in   Oh Lord I want   to   be   in   that number

31
A
E
B7
E
E
When the saints go mar - ching in
Oh when the saints
34
E
B7
go mar-ching in
Oh when the saints go mar - ching in

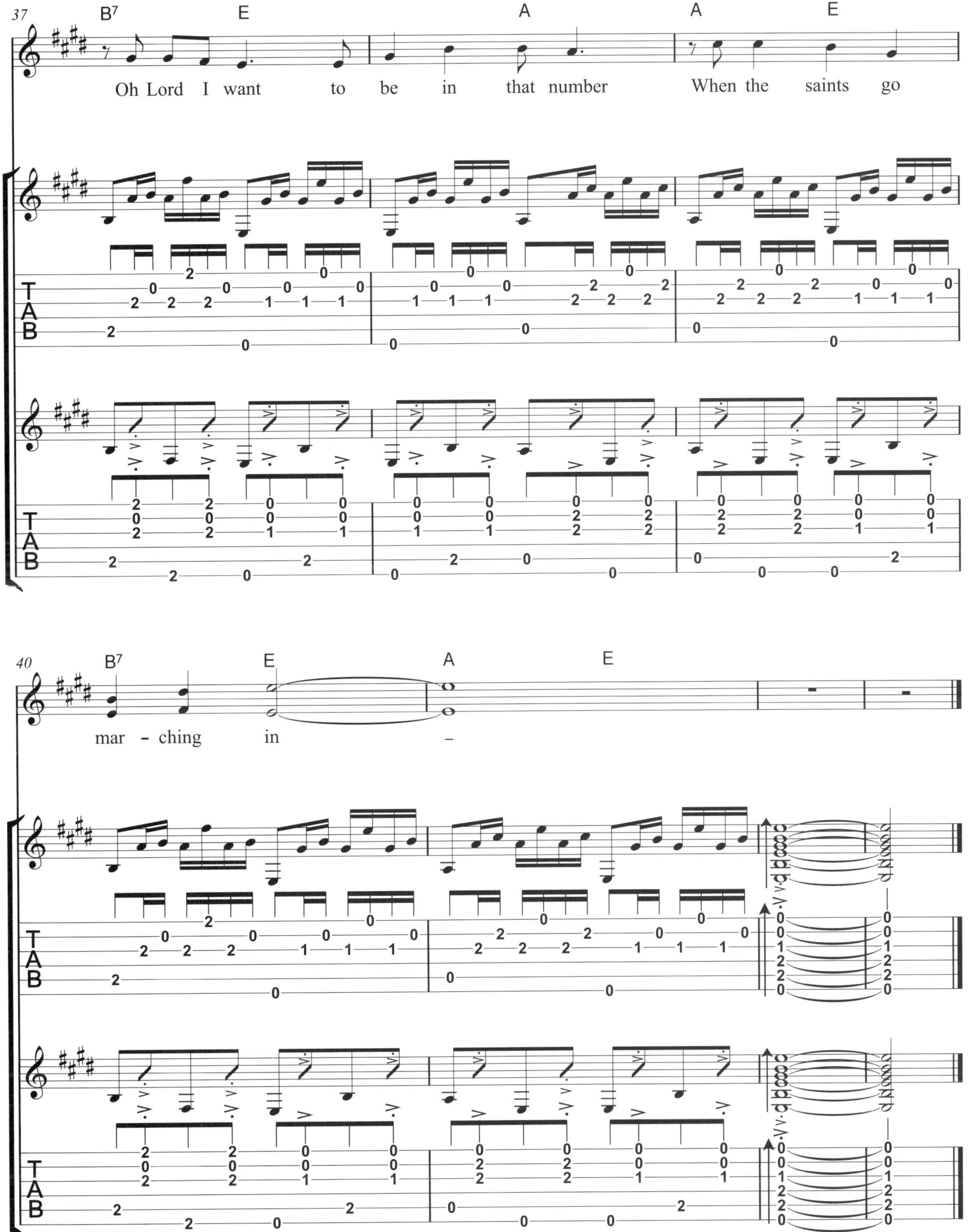

Oh Lord I want to be in that number When the saints go
mar - ching in

2. 웨딩케익

(김윤석, 장현성 ver.)

리
잠 못 이루고 - 깨 어 나 서 - 창
문 을 열 - 고 내 - 어 다 - 보 니
사 람 은

13
C   C⁷   F
간 곳 이 - 없 고 외 로 이 남 아 있 - 는 저 웨 딩 - 케   익
16
Fm   C   G⁷
-       그 누 가 두 고 갔 - 나 나 는 가 - 네 서 글 픈 - 나 의 사 랑 - 이
14

19
C
C
여
이 밤 이 지 나 가 - 면 나 는 가 - 네
22
C
G7
원 치 않 - 는 사 - 람 에 - 게 로
눈 물 을

흘리면 - 서 나는가 네 그대아 - 닌사 - 람에 - 게 로
이밤 이 지나가 - 면 나 는가 네 사랑치않 는 사람에 - 게

31
F
Fm
C
로
마 지 막 단 한 번 - 만 그 대 모 - 습
34
G7
C
E7
A7
D
보 게 하 - 여 주 오 사 - 랑 아
아픈

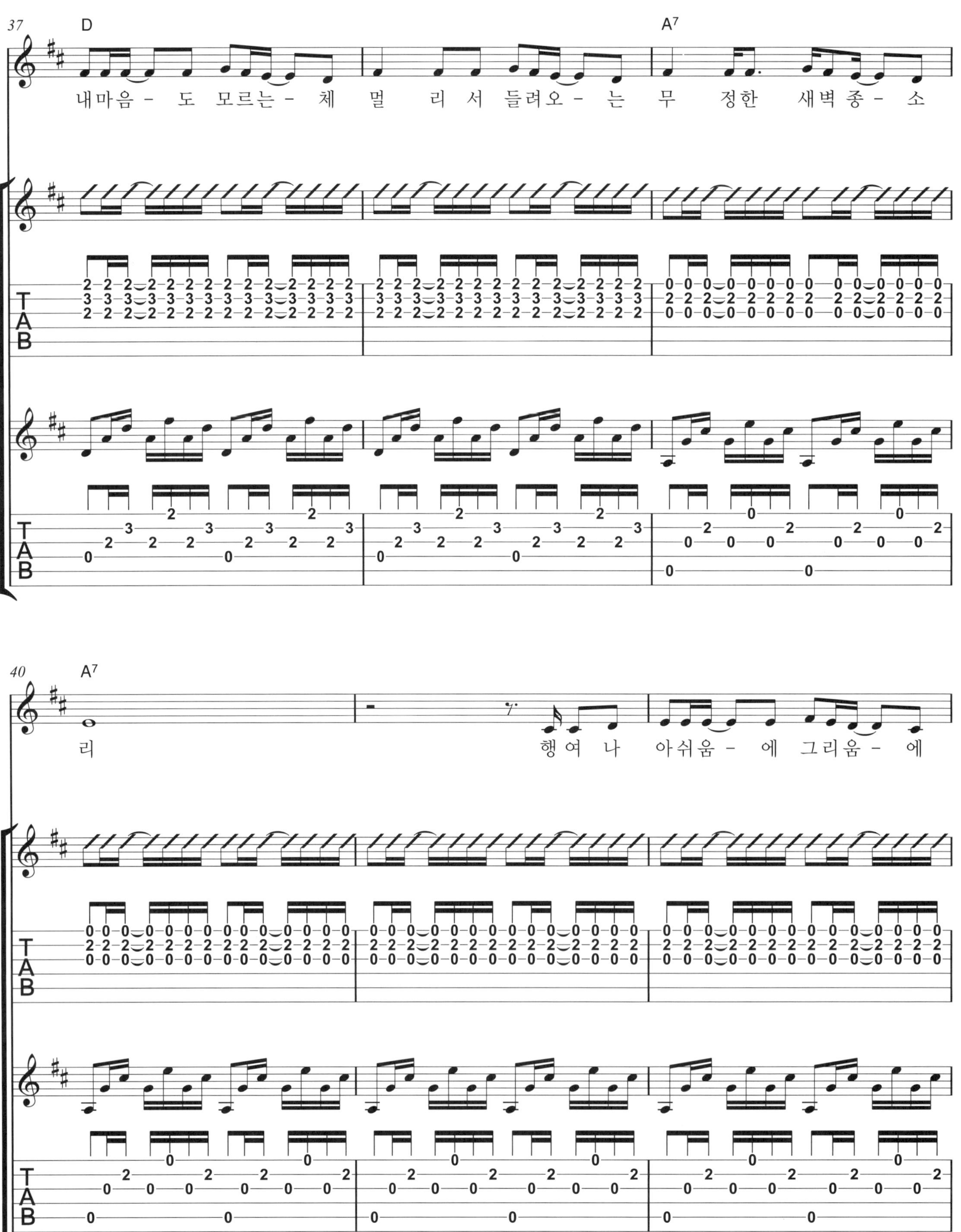

내마음 - 도 모르는 - 체 멀 리 서 들려오 - 는 무 정한 새벽종 - 소
리
행 여 나 아쉬움 - 에 그리움 - 에

그대 모 - 습 보 - 일 - 까 창 밖을 내어다 - 봐 도
이 미 사라져 - 버 린 그모 습 어디서 - 나 찾을수 - 없

49
G
Gm
D
어
-
남겨 진 웨딩케익 만 바라보 - 며
52
A⁷
D
하염없 - 이 눈물흘 - 리 네
남겨 진

55
D
A7
웨 딩 케 익 만 바 라 보 – 며   하 염 없 – 이 눈 물 흘 – 리
57
D
네
우 –
쎄시봉 OST 기타 연주곡집 21

3. 나 그대에게 모두 드리리

(김윤석 ver.)

13 Dm G7 C Am
게 모 두 드 리 리 터 질 것 같
17 Dm G7 C
은 이 내 사 랑 을
20 F C F C C7
그 댈 위 해 서 라 면 나 는 못 할 께 없 네

별을따다가 그대 두손에 가 득 드 리 리 - 리 - 나그대에
게 드 릴게있 네 - 오늘밤문
터 질것같
득 - 드릴 게있 - 네 -

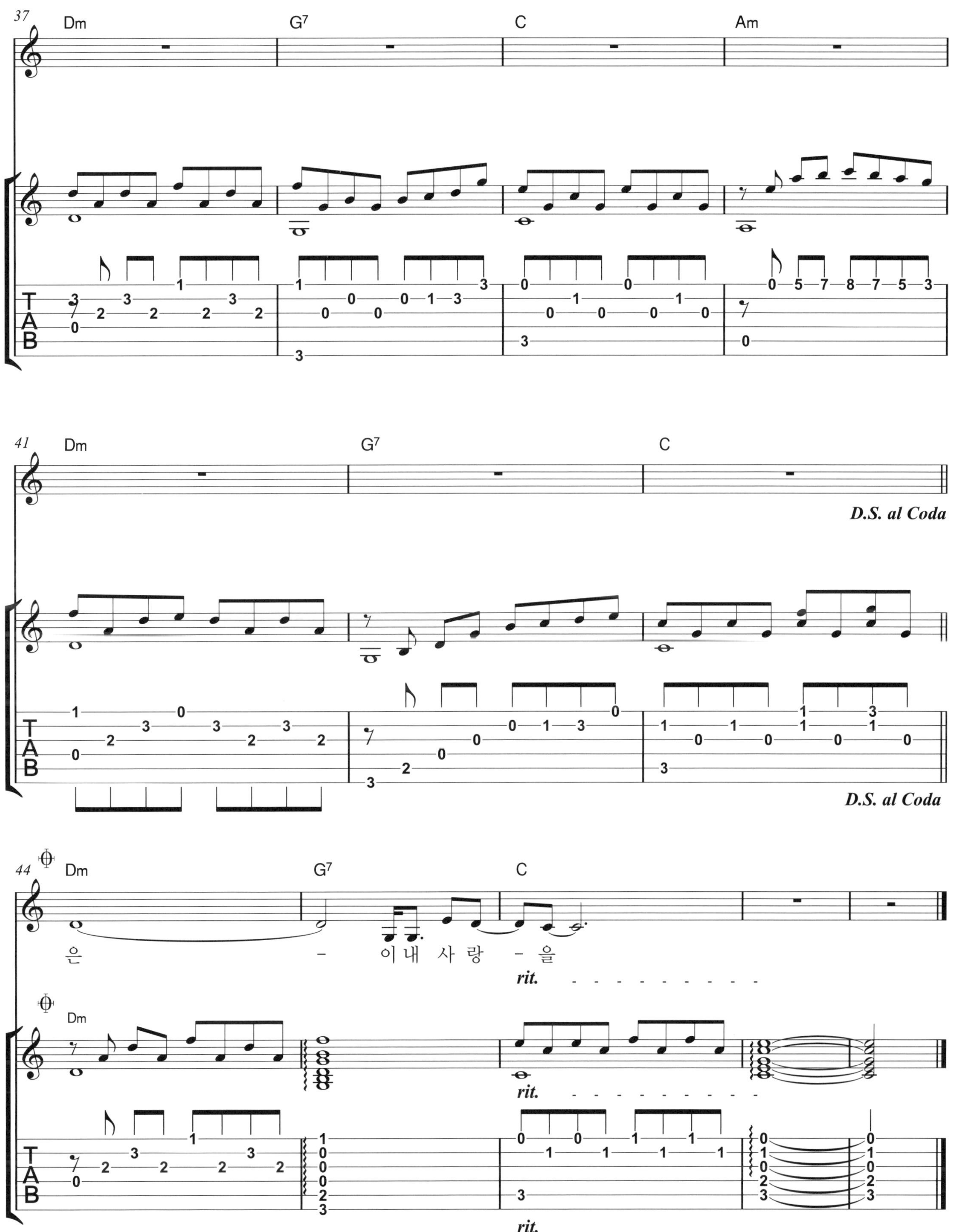
은 - 이 내 사 랑 - 을
rit.
D.S. al Coda
D.S. al Coda
rit.
rit.

4. 이젠 잊기로 해요

Original Key : A♭ key
1 Capo : G key

이장희 작사
이장희 작곡
한효주 노래

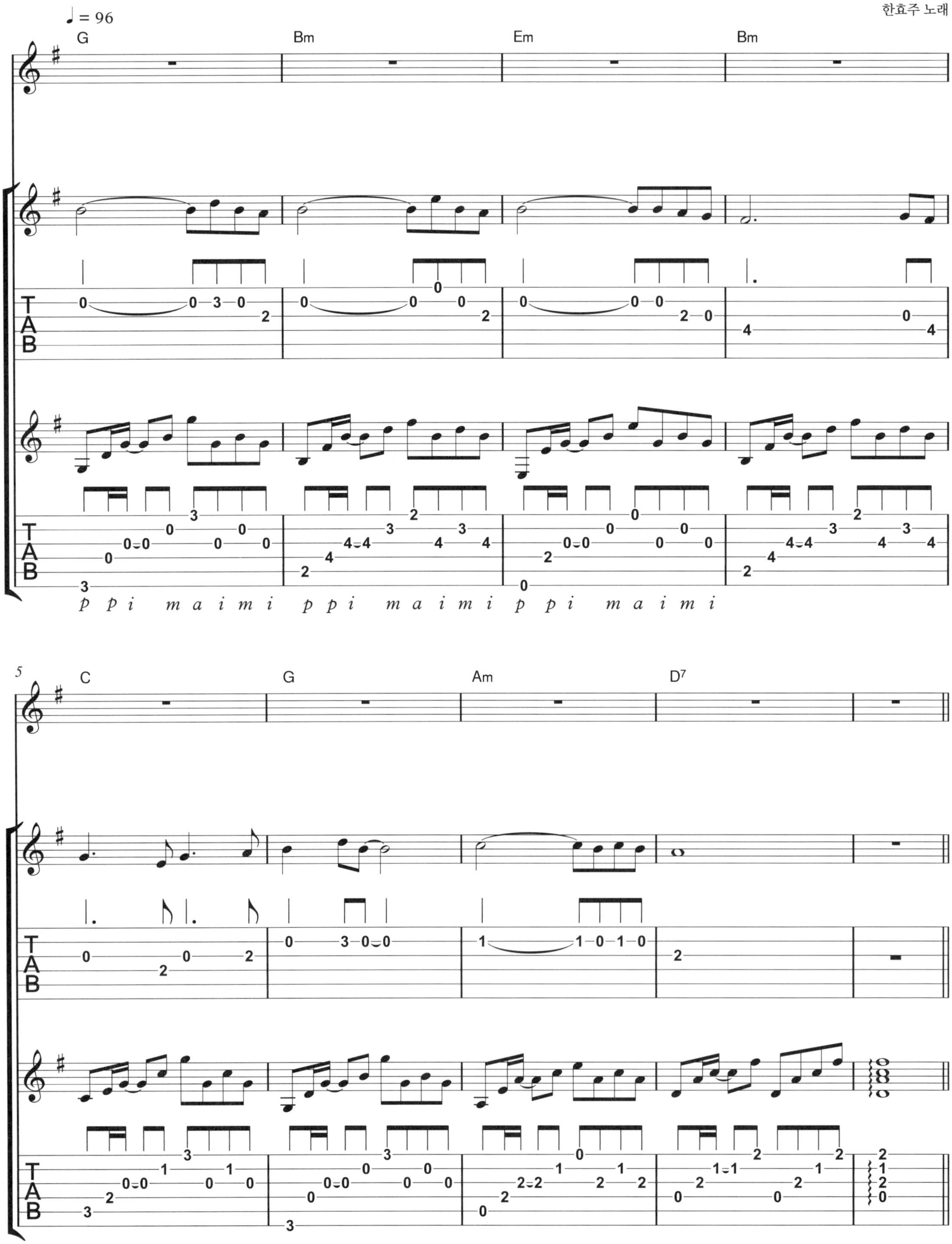

10
G   F   G   G   F   G
이 젠 잇 기 로   해   요   이 젠 잇 어 야   해   요
14
Em   Am   Em   Am   D7   G
사 람 없 는 성 당 에 서 무 릎 꿇 고 기 도 했 던 걸   잊 어 요
18
G   F   G   G   F   G
이 젠 잇 기 로   해   요   이 젠 잇 어 야   해   요

22
Em   Am   Em   Am   D7   G
그 대 생일그대 에게 선물 했던모든 우리 를   잊어 요
26
G   Bm   Em
사람 없 - 는 성 당 에 - 서 무릎 꿇 - 고 기 도 했던 걸   잊 어
29
Bm   C   G
요   그대 생 - 일 그대에 - 게 선물 했던모든우리

32 Am   D⁷   G
를   잊 어 요   술 취 한 - 밤 그 대 에 - 게

35 Bm   Em   Bm
고 백 했 - 던 모 든 일 들 을   잊 어 요

38 C   G   Am
눈 오 던 - 날 같 이 걸 - 던 영 화 처 럼 그 좋 았 던 걸   잊 어

이젠 잊기로 해 요
이젠 잊어야 해 요

사람 없 - 는 성 당 에 - 서 무릎 꿇 고 기 도 했 던 걸   잊 어 요
이젠 잊 기 로   해 요   이 젠 잊 어 야   해 요

62
C G Am D7
술취한 - 밤그대에 - 게 고백 했던모든일들 을 잊어 요
66
G Bm Em Bm
나
쎄시봉 OST 기타 연주곡집 35

5. 조개 껍질 묶어

(FEAT. 우크렐레피크닉)

불 가 에 마 주 앉 아 - 밤 새 속 삭 이 네 -
저 멀 리 달 그 림 자 - 시 원 한 파 도 소 리 -

17
F   B♭   C⁷   F
여 름 밤 은 깊 어 만 가 고   잠 은   오 질않네 -
21
F   C⁷   F
라 - - - - - -   라 - - - - - -

25
F
B♭
C7
F
라 － － － 라 － － 라 － － － － －
TAB
TAB
29
F
C7
F
아 침 이 늦 어 져 서 －
모 두 들 배 고 파 도 －
TAB
TAB

33 F Bb C7 F
함 께 웃 어 가 며 - 식 사 를 기 다 리 네 -
37 F C7 F
반 찬 은 한 두 가 지 - 집 생 각 나 지 마 는 -
42

시 큼한김치 만 있 어 줘도 내 게는진수성찬 -
라 - - - - - - 라 - - - - - -

57
F   B♭   C⁷   F
모 기 가 밤 새 물 어 도   모 두 들 웃 는 얼 굴 -
TAB
61
F   C⁷   F
암 만 생 각 해 도 -   집 에 는 가 야 할 텐 데
TAB

바 다 가 좋고 그 녀 가 있 는 데 어 쩔 수 가 없 네 –
라 – – – – – – 라 – – – – – –

라 － － － 라 － － － 라 － － － － － － －

6. 사랑하는 마음

송창식 작사
송창식 작곡
강하늘, 조복래 노래

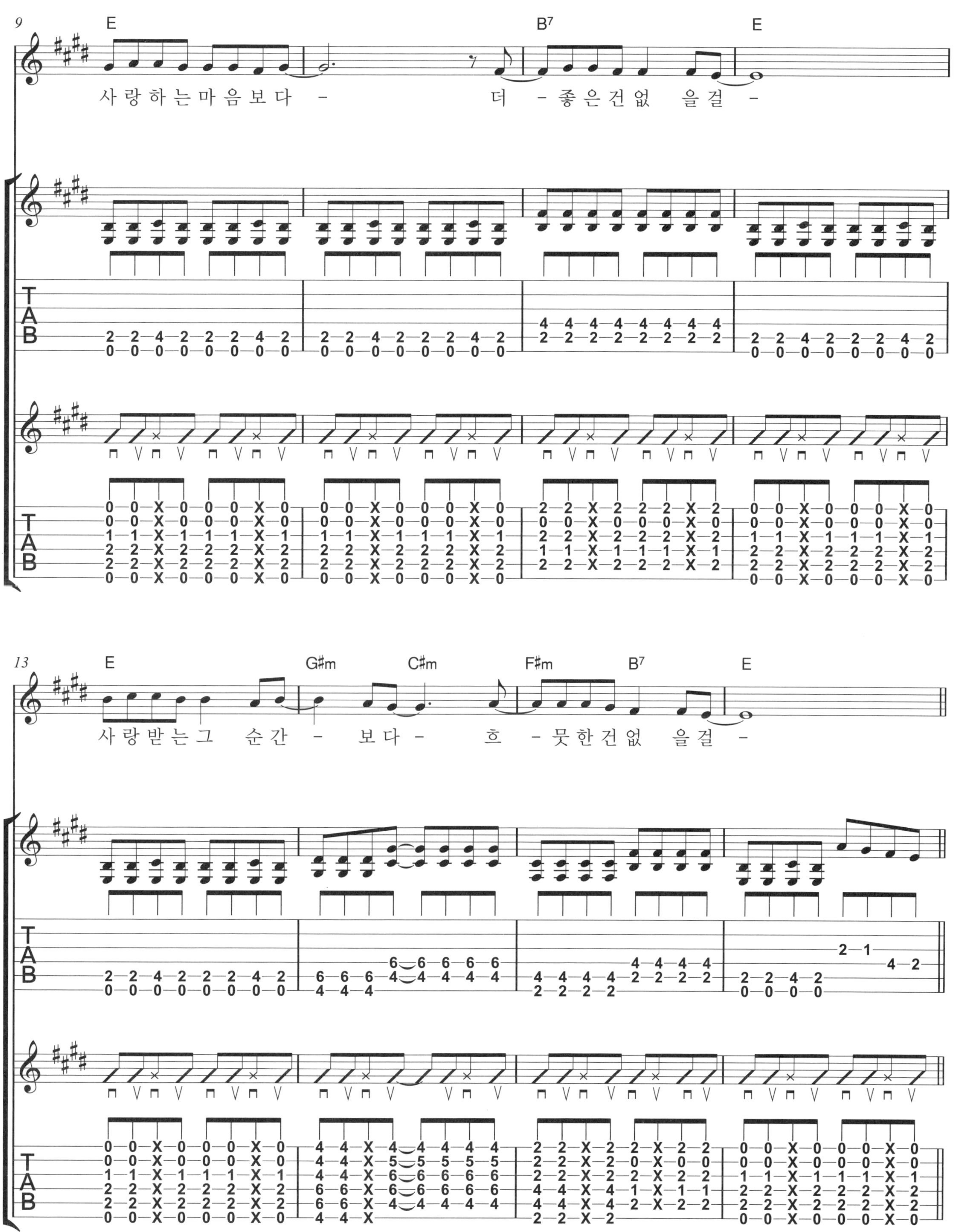

9
E
B7
E
사 랑 하 는 마 음 보 다 -   더 - 좋은건없 을걸 -
13
E
G#m
C#m
F#m
B7
E
사 랑 받 는 그 순 간 - 보 다 -   흐 - 뭇한건없 을걸 -

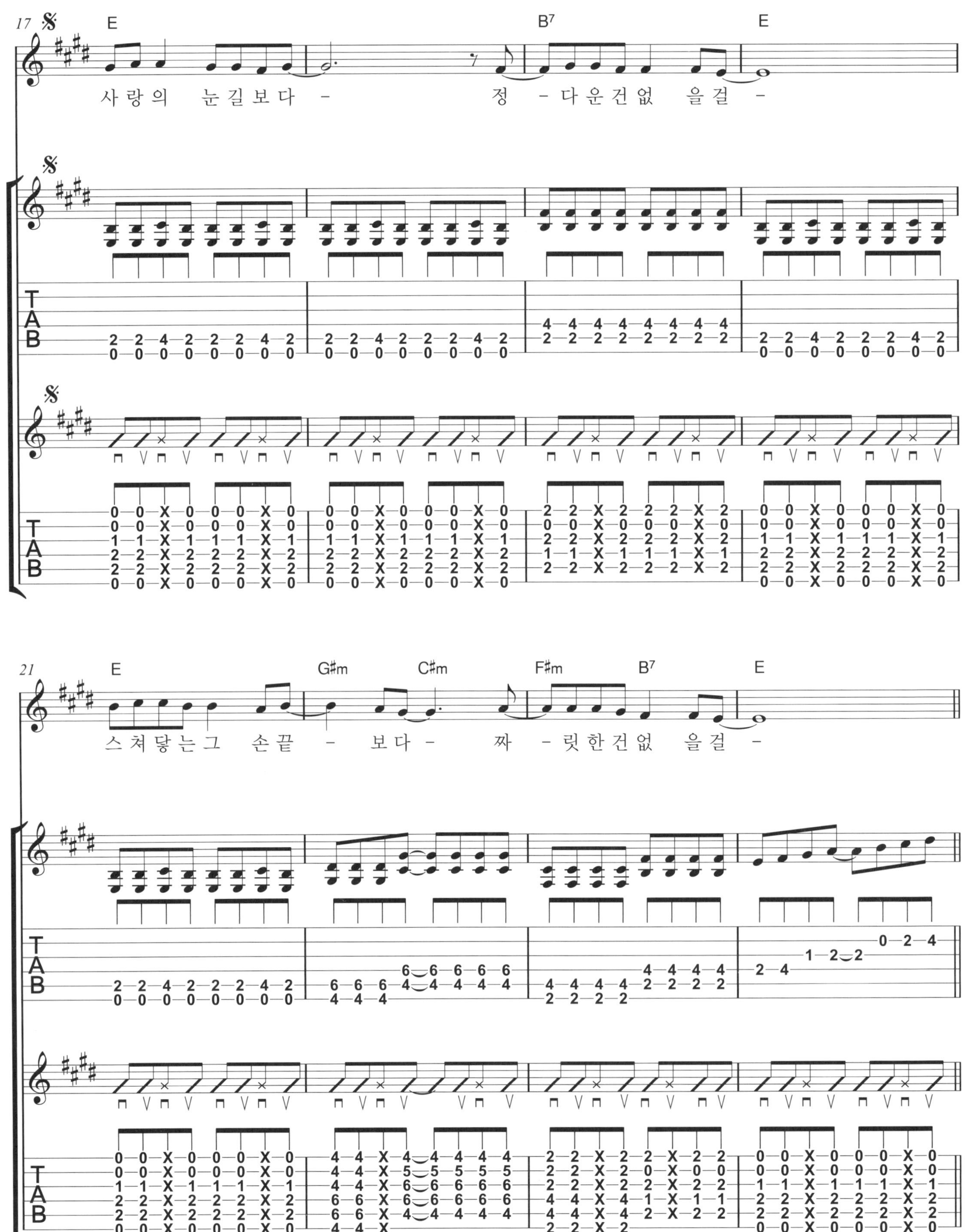

17 E B7 E
사 랑의 눈길보다 -   정 - 다 운건없 을걸 -
21 E G#m C#m F#m B7 E
스쳐닿는그 손끝 - 보다 - 짜 -릿한건없 을걸 -

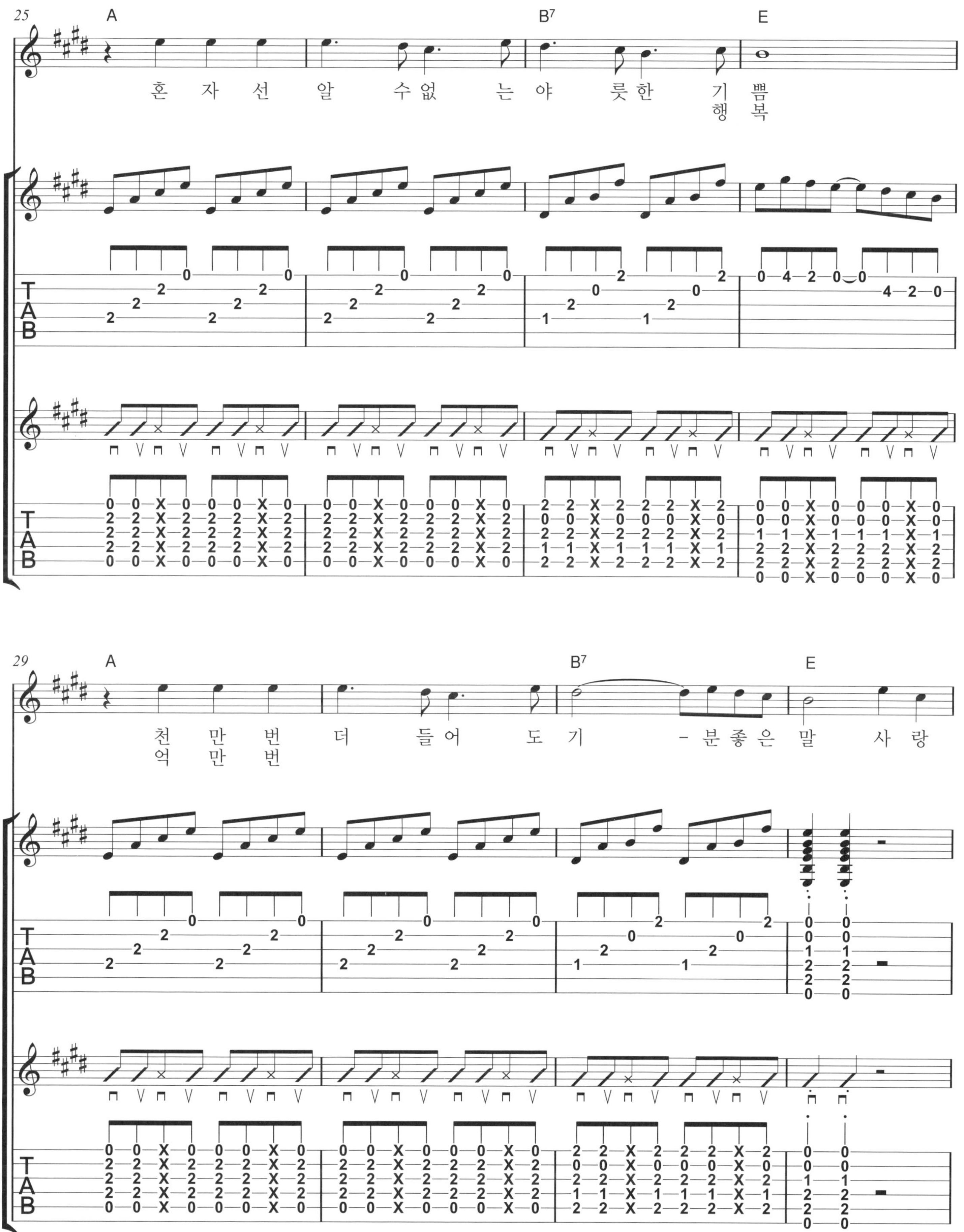
A
B7
E
혼 자 선 알 수 없 는 야 룻 한 기 쁨
행 복
A
B7
E
천 만 번 더 들 어 도 기 - 분 좋 은 말 사 랑
억 만 번

33
B⁷
E
해 - 사 랑 하 는 마 음 보 다 - 신
37
B⁷
E
E
G#m
C#m
- 나 는 건 없 을 걸 -
밀 려 오 는 그 마 음 - 보 다 - 포
스 쳐 닿 는 그 손 끝 - 보 다 - 짜

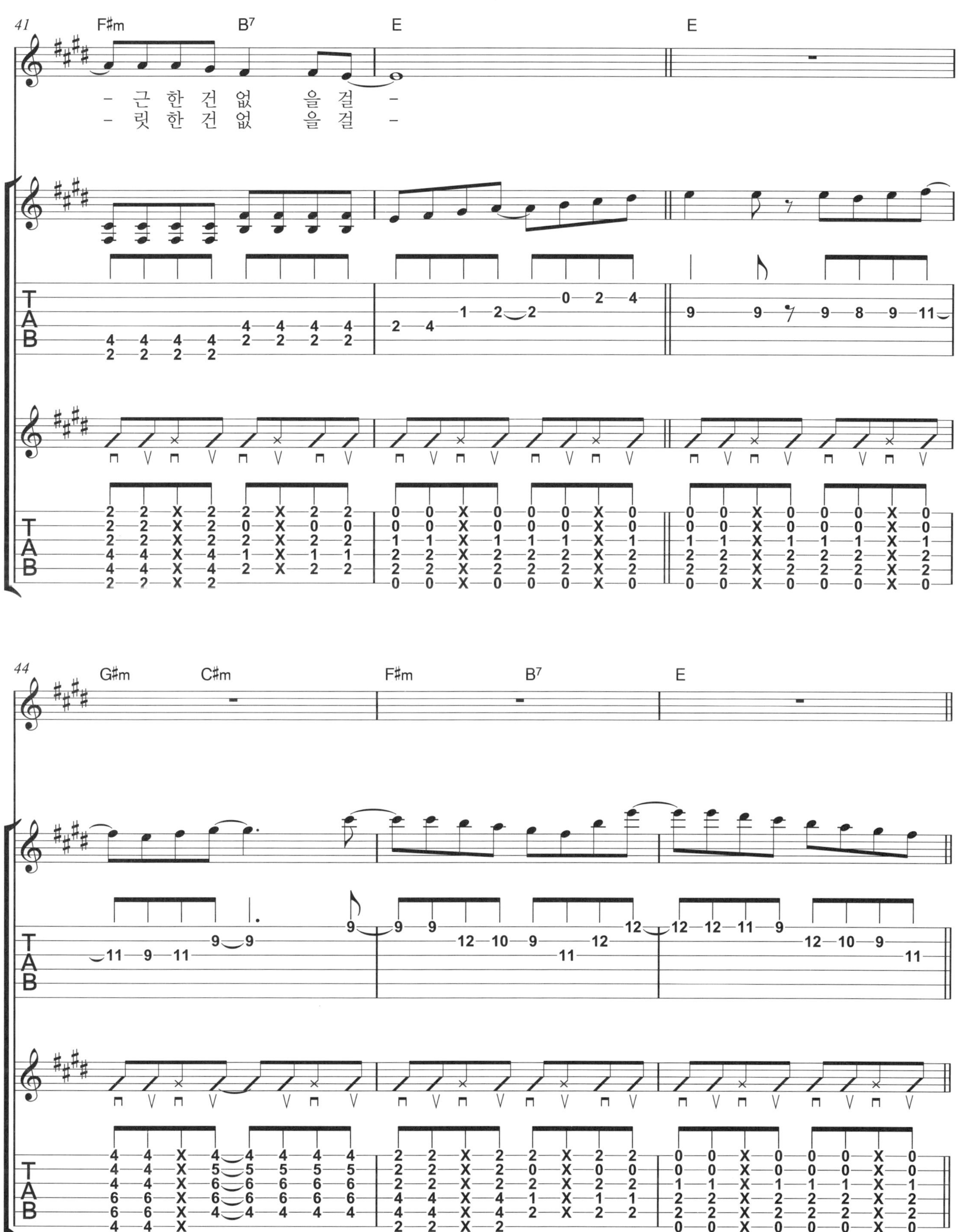

근 한 건 없 을 걸
릿 한 건 없 을 걸

사 랑 하 는 마 음 보 다 - 더 - 좋 은 건 없 을 걸 -
사 랑 받 는 그 순 간 - 보 다 - 흐 - 못 한 건 없 을 걸 -
D.S al Coda
D.S al Coda
D.S al Coda

릿 한건없 을걸 짜 릿한건없 을걸
짜 릿한건없 을걸

7. 백일몽

김현석 작사
Henry Clay Work 작곡
강하늘, 정우, 조복래 노래

음 언제나 하나뿐 더욱 더 더 사 랑못한 지난 날 들 후 회하
오 사랑 은 한순간의꿈 백 일 몽 깨어 날 수 없는꿈 백 일 몽 아직
그 댈 사 랑하오 영원 히 사 랑하 오

8. 사랑이야

송창식 작사
송창식 작곡
조복래 노래
♩ = 79
G
Bm   Bm/F#   Bm   Bm/F#   F#
Bm   Em   A
당신은 누구시 - 길래이렇게 - 내마음 깊은거기에

찾 아 와 - 어 느 새 촛 불 하 나 이 렇 게
어 느 새 시 냇 물 하 나 이 렇 게
밝 혀 놓 으 셨 나 요
흘 려 놓 으 셨 나 요 -
어 느 별 어 느 하 늘 이 이 렇 게 - 당 신 이 피 워 놓 은
어 느 빛 어 느 바 람 이 이 렇 게 - 당 신 이 흘 려 놓 으

19 D   F°7   Em
신 불 처 럼 -   밤 이 면   밤 - 마 다 이 렇 게
신 물 처 럼 -   조 용 히   속 삭 이 듯 이 렇 게

22 F#   Bm   D7
타 오 를 수 있 나 요   언 제 나
영 원 할 수 있 나 요

25 G   C
어 느 곳 에 선 가   한 번 은   본 듯 한   얼
                         올   것 같 은   은

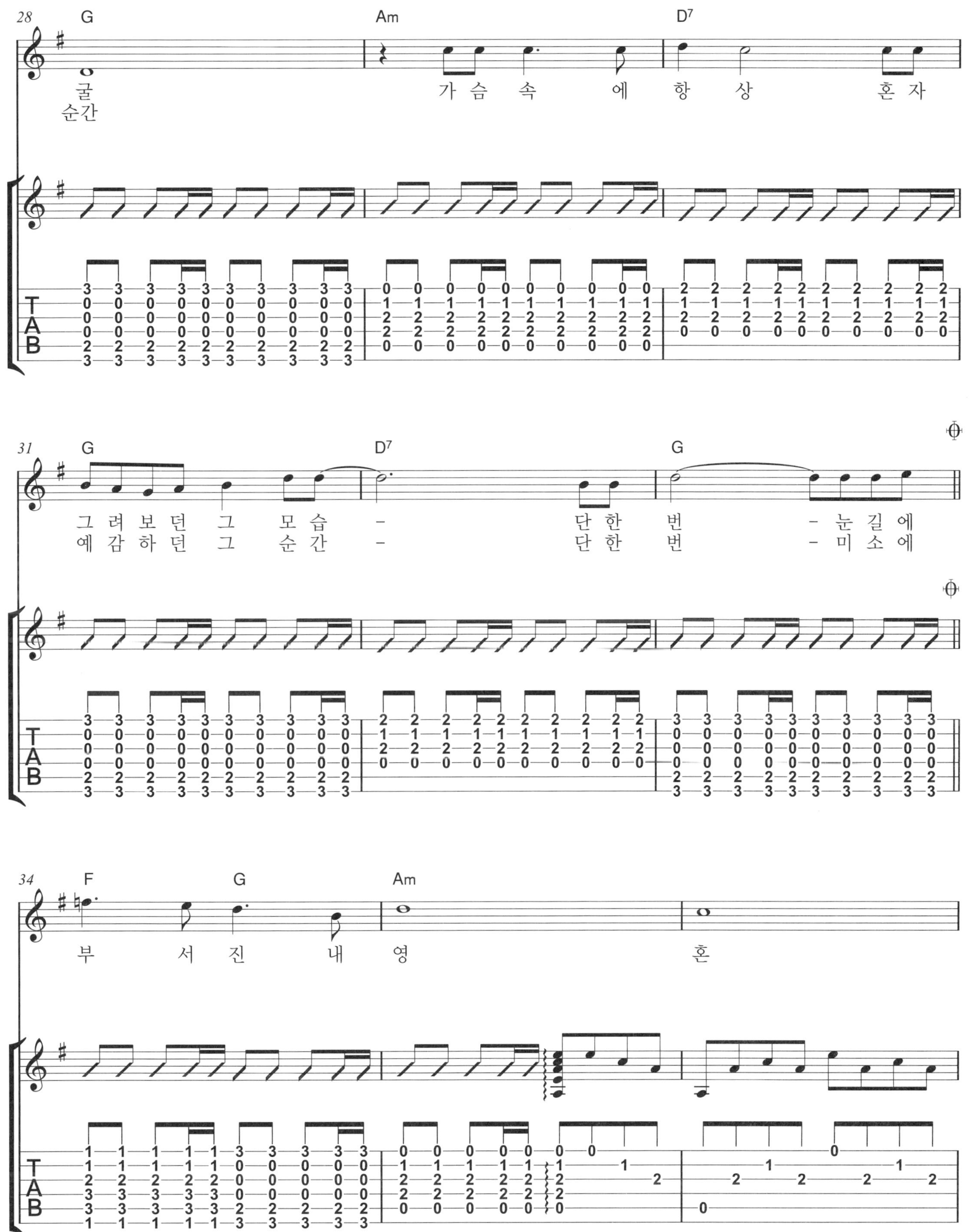

28
G   Am   D⁷
굴
순간
가슴 속 에 항 상   혼 자

31
G   D⁷   G
그 려 보 던 그 모 습 –   단 한 번   – 눈 길 에
예 감 하 던 그 순 간 –   단 한 번   – 미 소 에

34
F   G   Am
부 서 진 내 영   혼

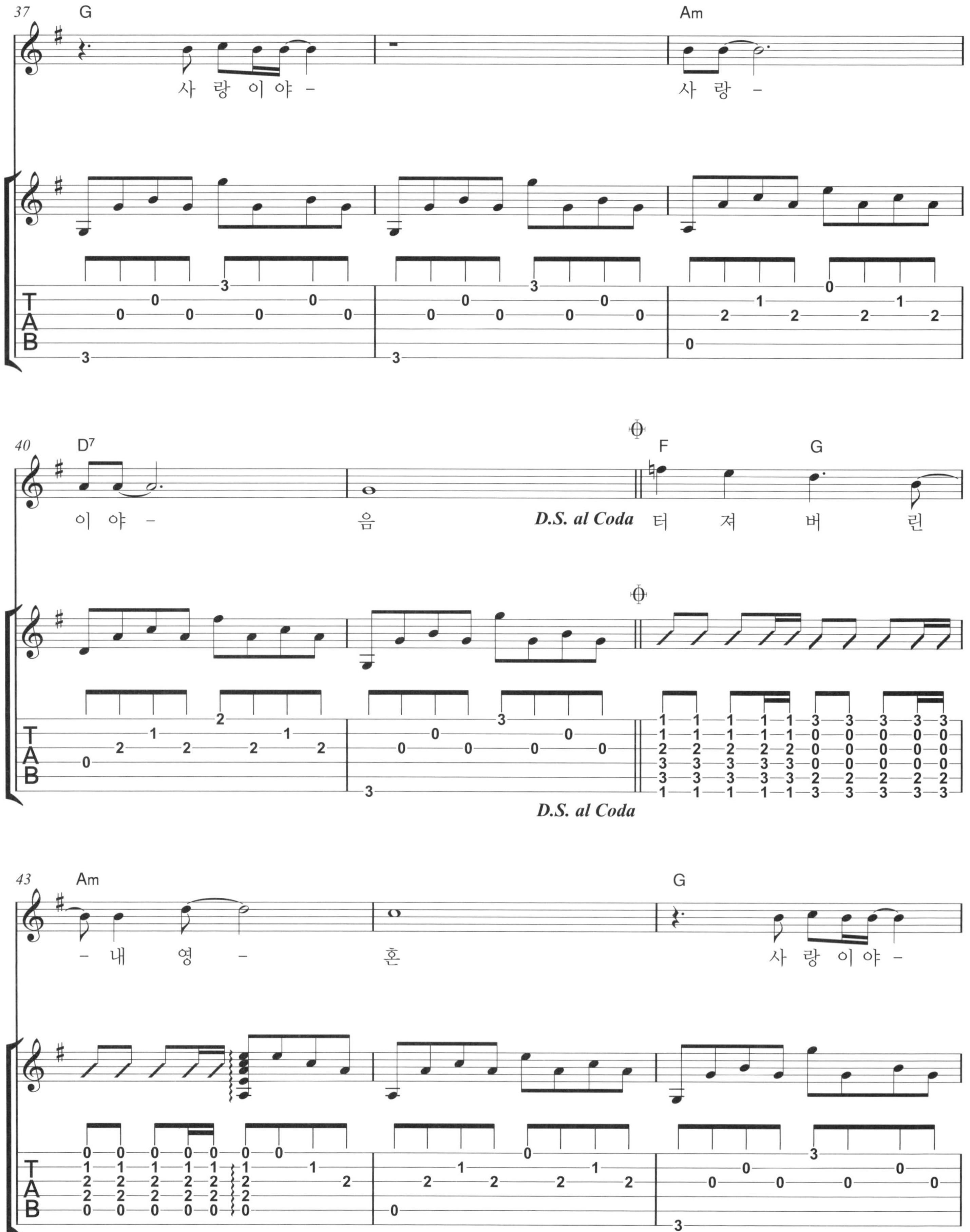

37 G
사 랑 이 야 -
Am
사 랑 -
40 D7
이 야 -
음
F G
D.S. al Coda 터 져 버 린
D.S. al Coda
43 Am
- 내 영 - 혼
G
사 랑 이 야 -

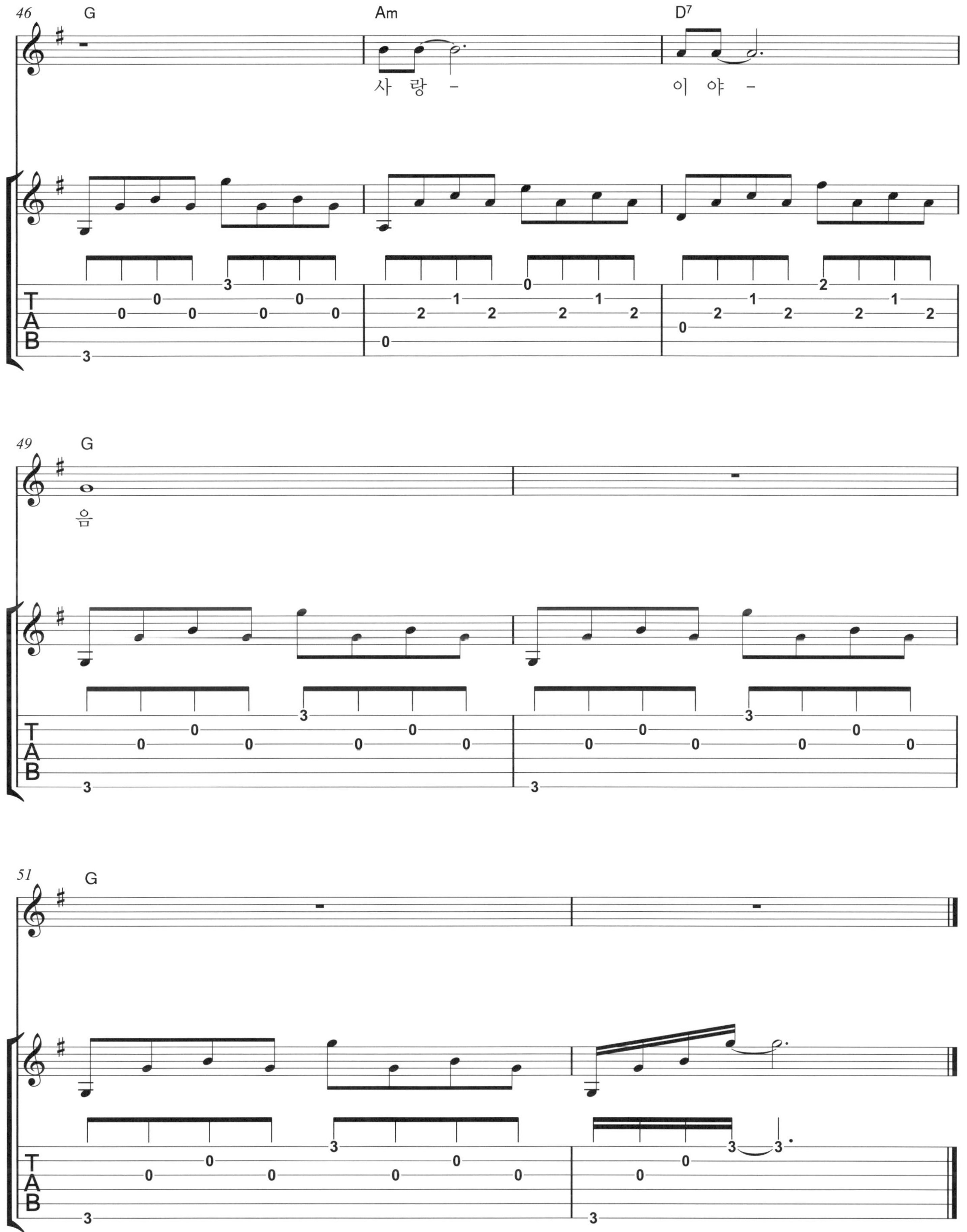

46
G
Am
D7
사 랑 －
이 야 －
49
G
음
51
G

9. 그건 너

이장희 작사
이장희 작곡
진구 노래

넘 기 는 책 속 에 수많은글들 이 어 이해한 자 도 보 이 질 않 나
그건 너 그건 너 - - - 바로너 때문이야

그건 너
그건 너 - - -
바로 너
때문 - 이 야

어 제 는 비가 오 는 종로거 리를
우 산 도안 받 고 혼자걸 었네

우 연 히 마 주 친 동 창 생 녀 석 이 너 미쳤 니 하 면 서 껄 껄 웃 더 군 그 건
너 그건 너 - - - 바로 너 때문 이

41
Em
D
Em
야
그 건 너
그 건 너 - - -
바 로
TAB
TAB
44
D
Em
너
때 문 이 야
TAB
TAB

54
Em D C B7 Em D C B7
전 화 를걸 려 고 동전바 꿨네 종일토 록번호판 과 씨름했 었네
58
Em D C B7 Em D C B7 Em
그 러 다 가당 신 이 받으면 끊었 네 웬일인 지바보처 럼 울고말았네 그건

D
Em
D
너
그건 너 - - -
바로 너
때문이
Em
D
Em
야
그건 너
그건 너 - - -
바로

너 때문이야 그건 너 그건
너 바로 너 때문이야 그건

너
그건 너 - - -
바로 너
때문이
야

80
C
B7
Em
TAB
83
D
C
B7
Em
TAB
쎄시봉 OST 기타 연주곡집 75

10. Delilah

Reed, Mason 작사
Reed, Mason 작곡
김인권 노래

Gm
I
- saw the light on the night - that I passed by her win-dow
Gm
D7
I saw the flicker-ing sha-dows of love on her blind
Gm
D7

Gm
G7
Cm
she   was   — my   wo - man —
D7
Cm
Gm
F7
As she de-ceived me I watched and went out of my mind —   oh —
Bb
F7
my   my   my   — de - li - lah —

13
F7
Bb
why   why   why – De – li – lah –
15
Bb
Bb7
Eb
Cm
I – could see – that girl was no good for me – – but I
So – be-fore – they come to break down the door – – For –
17
Bb
F7
Bb
D7
– was lost like a slave that no man could free
give me De-lilah I just could-n't take a - ny - more
At
Ah

19
Gm
D7
a break of day when that man drove a -way I was wai-ting
ha – – – – – – – – –
21
Gm
D7
I crossed the street to her house and she o-pened the door
ha – – – – – – – – – –
23
Gm
G7
Cm
she stood – – – there laugh - ing –
TAB

25
D7   Cm   Gm   F7
I felt the knife in my hand and – she laughed no more
27
B♭   F7
my my my – De - li - lah –
29
F7   B♭
why why why – De - li - lah – –

31 Bb Bb7 Eb Cm
So — be-fore — — they come to break down the door — a For-
33 Bb F7 Bb D7
give me De-lilah I just couldn't take a-ny-more For-
35 Gm D7 Gm
give me De-lilah I just couldn't take a-ny-more — — —

쎄시봉
OST 기타 연주곡집

발행인	최우진
편 집	조나단, 송혜진, 원태경, 유경아
디자인	김은정
편 곡	이상진(핑거스타일 기타)
영 업	현석호
관 리	김정숙
발행처	㈜스코어 대표 정상우
등 록	2012년 6월 7일 제313-2012-196호
I S B N	979-11-5780-014-8 (13670)

주 소	서울시 마포구 서교동 474-13번지(121-896)
전 화	02)333-3705
팩 스	02)333-3745
	www.allmusicscore.com
	www.openhousebooks.com

판매원	오픈하우스